박물관 안의 기묘한 중국

청동기

왕 가 저
강 파 손우맹 대 학 그림
박훼림 량 초 역

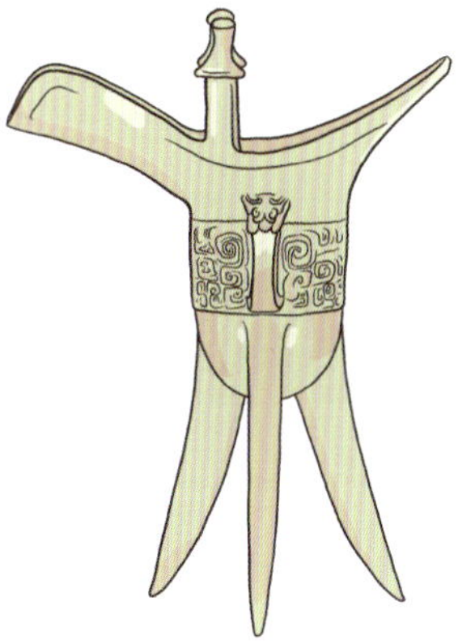

료녕민족출판사
· 심양 ·

图书在版编目（CIP）数据

博物馆里的奇妙中国. 青铜器 : 朝鲜文 / 王可著 ; 姜波, 孙雨萌, 戴鹤绘 ; 朴卉琳, 梁超译. -- 沈阳 : 辽宁民族出版社, 2024. 8. -- ISBN 978-7-5497-3020-9

Ⅰ. K876.41-49

中国国家版本馆CIP数据核字第2024MK1263号

博物馆里的奇妙中国. 青铜器
BOWUGUAN LIDE QIMIAO ZHONGGUO. QINGTONGQI

出版发行者：辽宁民族出版社有限公司
地　　　址：沈阳市和平区十一纬路25号　　邮编：110003
印　刷　者：辽宁新华印务有限公司
幅 面 尺 寸：250mm × 250mm
印　　　张：4.5
字　　　数：100千字
印　　　数：1-500
出 版 时 间：2024年8月第1版
印 刷 时 间：2024年8月第1次印刷
责 任 编 辑：李　欣
封 面 设 计：张琼月
责 任 校 对：赵敏宏

标 准 书 号：ISBN 978-7-5497-3020-9
定　　　价：58. 00元

邮购热线：024-23284335
淘宝网店：http:// lnmz2013.taobao.com
如有印装质量问题，请与出版社联系调换，联系电话：024-23284340

관장 추천사

중화문명은 전세계에서 유일하게 중단되지 않고 5,000년을 이어온 위대한 문명입니다. 긴 력사의 흐름 속에서 우리의 선조들이 남겨준 이야기들은 지금까지 류전되여온 하나하나의 문물 속에 고스란히 담겨져있습니다.

2020년 료녕성박물관에서 아동체험관을 개설하였는데 청소년들이 이 아동체험관을 통해 문물을 료해하고 박물관을 사랑하며 박물관과 함께 즐겁게 성장하기를 바랍니다. 이 책은 '손에 들고 다닐 수 있는 박물관'으로 간단하고 재미 있는 언어로 문물들을 생동하게 표현하였습니다. 청소년들은 이 책을 보면서 문물의 력사와 전통문화의 아름다움을 발견할 수 있습니다. 이 책을 만들게 된 리유도 바로 여기에 있습니다.

과거를 거울 삼아 현재를 고민하고 미래를 창조하는 것은 어린이 및 청소년 교육사업을 위해 짊어진 박물관의 사명입니다. 사랑스러운 청소년들이 박물관과 함께 사고력이 있고 꿈이 있는 어른으로 성장하여 중화문명의 빛과 열을 이어나가길 바랍니다.

료녕성박물관 부관장 동보후

우리는 지금 이 시대에 살고 있어요.

2000년

이 책의 주인공 소개

청

명

1500년

원

금

송

료

1000년

오대십국

당

수

남북조

500년

진(晋)

삼국

한

서기 원년

진(秦)

전국

동주

기원전 500년

춘추

서주

기원전 1000년

상

기원전 1500년

하

기원전 2000년

안녕하세요! 저는 구찌라고 해요. 박물관에서 일하는 엄마를 따라 박물관에 놀러 가는 걸 좋아하지요. 비밀 하나 알려줄게요. 박물관에서 많은 문물들과 친구가 되였어요! 문물들은 아주 오래전에 있었던 재미 있는 이야기를 들려주고 박물관 신비의 문도 열어주었어요! 이제 저랑 함께 가볼가요?

구찌

호기심이 가득한 남자아이

저는 이리두라고 하는 술잔인데 지금까지 고고학자들이 발견된 것중 가장 오래된 청동주기예요. 벌써 3,000살도 더 됐어요. 이 책에서 구찌와 도자를 데리고 청동기의 신비한 세계를 탐구하려고 해요.

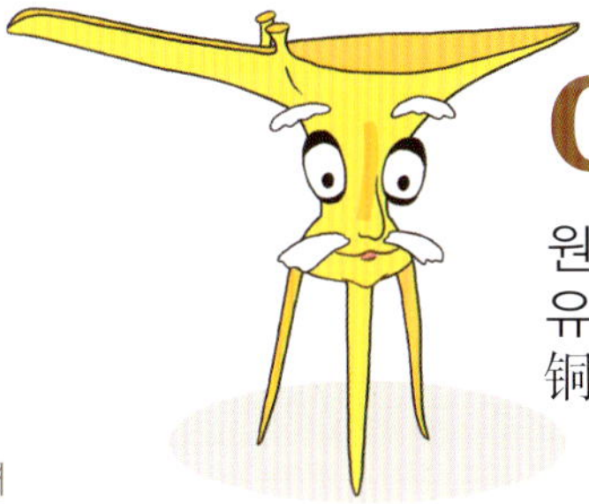

이리두

원형은 하조 말기 이리두 유정문동작(二里头乳钉纹铜爵)

저는 도자라고 해요. 구찌랑 함께 시공간을 려행하고 재미 있는 이야기를 듣는 걸 좋아해요.

도자

원형은 개 모양으로 된 동한 때 록유도구(绿釉陶狗)

저희와 함께 기묘한 박물관으로 떠나봅시다!

청동기의 기원

첫페지에서 이미 만나보았지요. 저는 청동주기예요! 지금은 락양박물관에 있어요. 저 말고도 많은 청동기 가족들이 전국 각지의 박물관에 소장되여있어요.

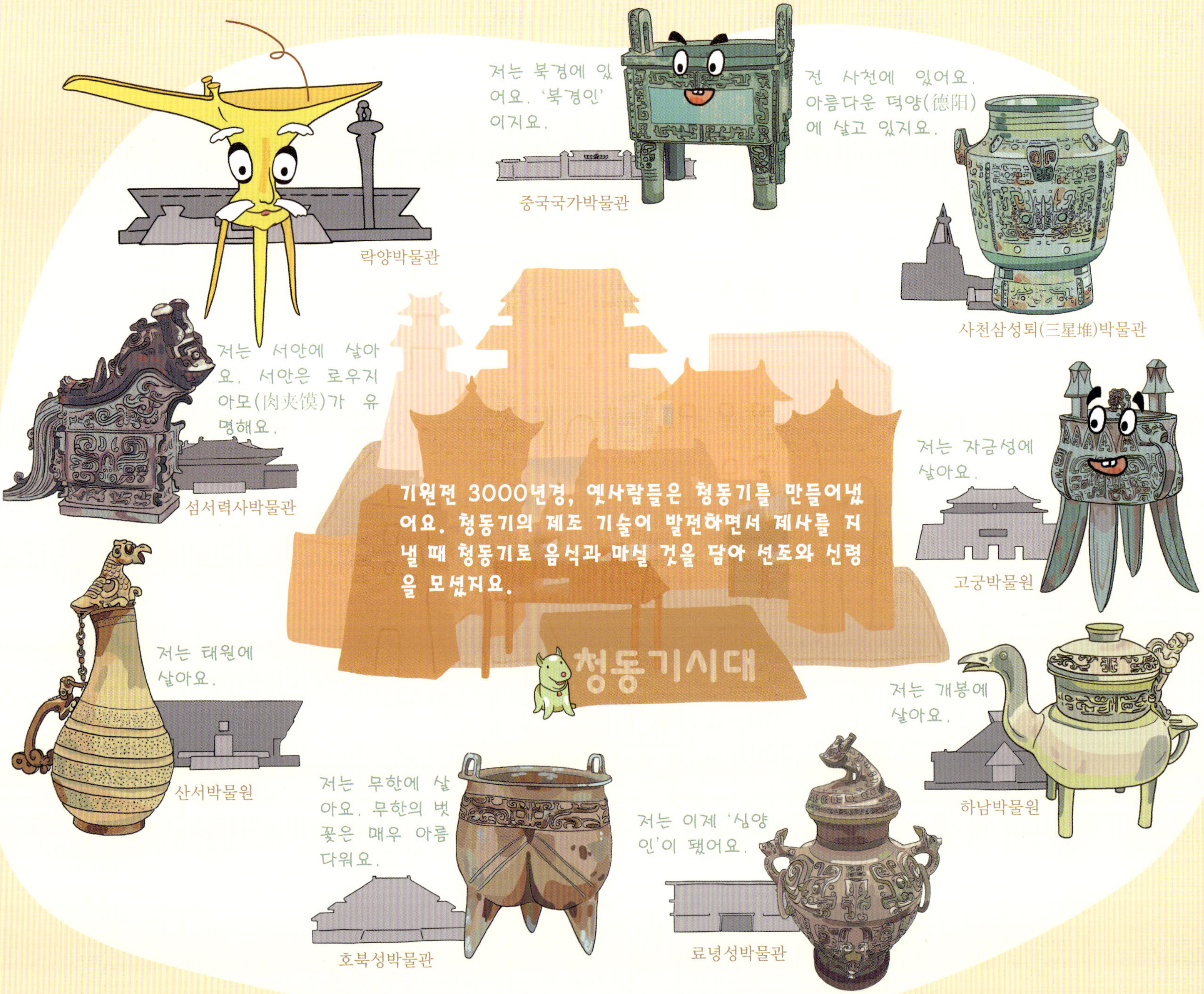

제사란 무엇일가요?
옛사람들은 대자연에 대해 잘 몰랐기 때문에 많은 자연현상들이 어떤 신비의 힘에 의해 지배된다고 생각했어요. 제사가 바로 그들이 신비의 힘과 소통하는 방식이지요.
례를 들면 옛사람들은 가뭄이 들었을 때 제사를 치러 비를 내려달라고 하늘에 빌었대요.
옛사람들은 준비한 제물을 청동기에 담고 신령과 조상에게 절을 올려 숭배와 존경을 표시하고 보살핌을 빌었어요.
조상뿐만 아니라 천지, 일월, 산천 등을 대상으로 제사를 올렸대요…
우리는 천지, 선조와 소통하여 그들의 인도를 받을 수 있기를 기원했죠. 그러면 풍요롭고 행복한 삶을 살 수 있게 되니까요.
아, 그렇군요! 그런데 어디에 가면 맛 있는 뼈다귀가 있나요?
대부분 청동기는 일상생활에서 사용되는 것이 아니라 제사나 귀족의 연회 등 중대한 행사에 사용되는 례기(礼器)예요.
때문에 상주시대 청동기의 가장 중요한 용도는 바로 제사였어요.

청동기의 색갈

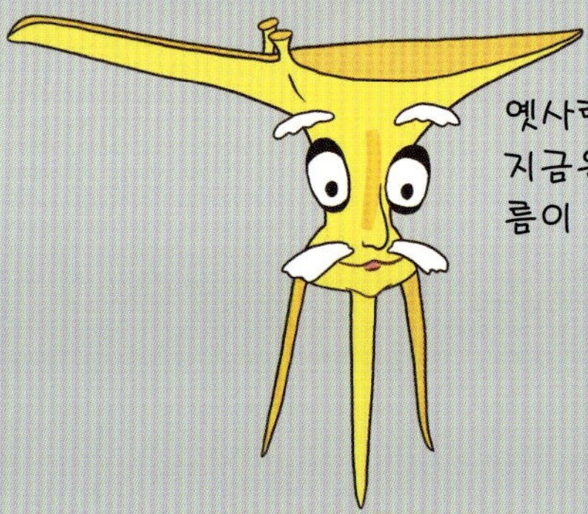

옛사람들은 우리를 금이라고 불렀어요. 지금은 청동이라고 부르지요. 어느 이름이 더 마음에 드나요?

금이라고 불렀다고요? 금은 반짝반짝 황금빛인데요.

오늘날 박물관에서 볼 수 있는 대부분의 청동기는 회록색이지요. 하지만 청동기는 처음부터 회록색이였던 건 아니예요.

그 유명한 사양방존이 바로 저예요. 이것은 지금의 모습이지요.

이것은 3,000년전 저의 모습이예요.

사양방존 색상복원도

문물파일

사양방준(四羊方尊)

★시대: 상조 말기

★크기: 높이 58.3센치메터, 각 변의 길이 52.4 센치메터

★기능: 제사용 례기—주기

★현재 소장지: 중국국가 박물관

청동기는 처음에 금색이였군요!

눈부신 청동기가 한때 상고시대를 밝게 비춰주었어요.

옛사람들도 '금색'을 좋아했군요! 청동기가 정말 금으로 만들어진 건가요?

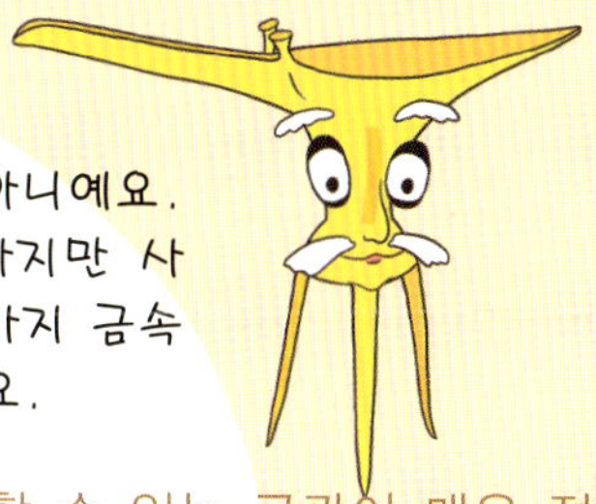

하하, 금으로 만든 건 아니예요. 우리가 금으로 불리긴 하지만 사실은 동, 주석, 납 이 3가지 금속으로 만들어진 합금이예요.

고대 중국에는 채굴할 수 있는 금광이 매우 적었기 때문에 금은 주로 수입에 의존했어요. 하지만 지혜로운 옛사람들은 동, 주석, 납을 혼합하여 만든 합금이 금처럼 반짝거린다는 것을 발견했지요.

융점이 낮고 경도가 적당한 이 합금은 정말 완벽했어요.

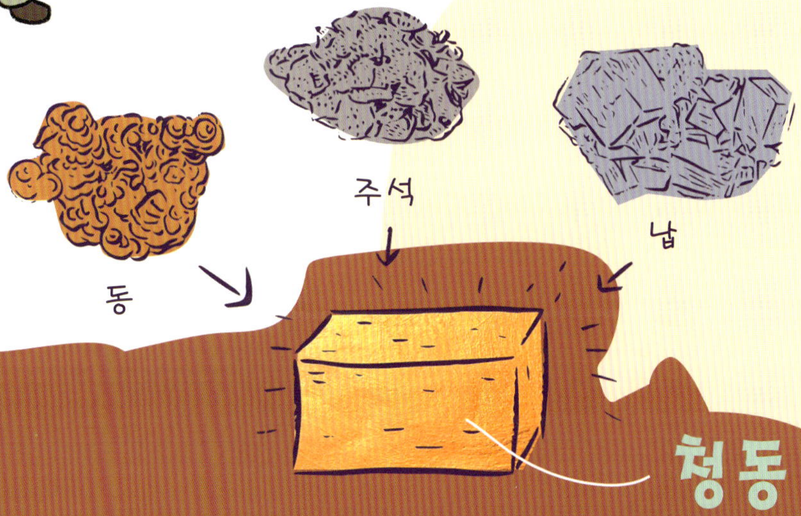

청동은 중국 금속 제련 및 주조 력사상 최초의 합금이예요

동 동은 재질이 부드럽고 연성이 좋아 기물을 만들 때 쉽게 부러지지 않아요. 하지만 융점이 높은 편인데 800~1,000℃에 달해요. 수천년전에 이렇게 높은 온도를 얻는 것이 얼마나 어려웠을지 한번 상상해보시죠!

주석 주석은 융점이 매우 낮아 200℃가 넘으면 융해되고 령하 30℃ 정도, 특히 추운 겨울이 되면 가루로 변해버려요. 그래서 옛사람들은 주석을 별로 선호하지 않았대요.

납 납은 융점이 300여℃예요. 옛사람들에게 있어서 납은 녹이기 매우 쉬웠죠.

동, 주석, 납을 결합하자 기적적인 변화가 일어났어요!

1. 고체 상태를 액체 상태로 녹이는 데 필요한 온도가 낮아졌어요.
2. 만들어진 결과물도 더욱 견고해졌어요!
3. 동을 녹인 뜨거운 물이 더 잘 흐르게 되여 더욱 정교한 청동기를 만들 수 있게 되였어요.

청동합금을 만들 수 있는 게 처음에는 아마 우연일 수도 있어요. 심지어 실수였을지도 모르죠. 오랜 시간 동안 시도하고 탐구하고 사고하면서 경험을 쌓은 결과 자연으로부터 선사받은 보물들을 조금씩 조금씩 활용할 수 있게 되였어요.

화 盉
궤 簋
尊 준
觥 굉
너무 이상하게 생겼어요!
청동기들의 이름은 글자가 하나뿐이지만 읽기 어렵죠? 이 글자들은 당시의 금문자(金文)에서 진화되어 만들어진 거래요! 이 책의 32~35페지에 금문자에 대한 상세한 소개가 있어요.
청동기 알아보기
이게 다 뭐예요?
罍 뢰
甗 언
卣 유
盨 수
이 글자들은 어떻게 읽나요?

청동기 대가족

아래 청동기 대가족을 소개하려고 해요. 용도에 따라 식기, 주기, 수기(水器), 악기, 병기로 나눌 수 있어요. 아까 어떻게 읽을지 고민됐던 글자들, 이젠 알겠죠?

우리 함께 청동기의 비밀을 탐색해봐요!

청동식기

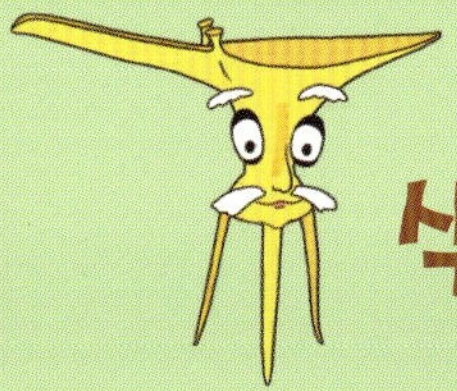

증자기는 솥이예요.

고기를 삶는

정
dǐng
鼎

정은 고기를 삶는 데 사용하는 큰 솥이예요. 흔히 볼 수 있는 것들로는 원형의 삼족정과 네모난 사족정이예요.

죽을 끓이는

력
lì
鬲

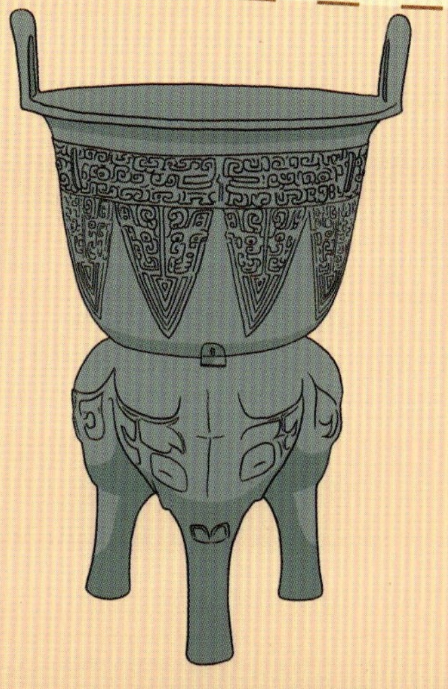

밥을 짓는

언
yǎn
甗

언은 상, 하 두 부분으로 나뉘는데 아래부분은 비여있어 물을 넣을 수 있어요. 가운데는 간막이를 놓고 웃부분에는 음식을 담아요.

상주시대 사람들은 이미 동물을 우리에 가두어 기르기 시작했어요, 당시에 귀족들은 기르는 동물들 중에서 제사에 사용할 동물을 따로 선정하기도 했어요.

청동식기

성식기는 그릇과 접시예요.

밥을 담는

수

xǔ

盨

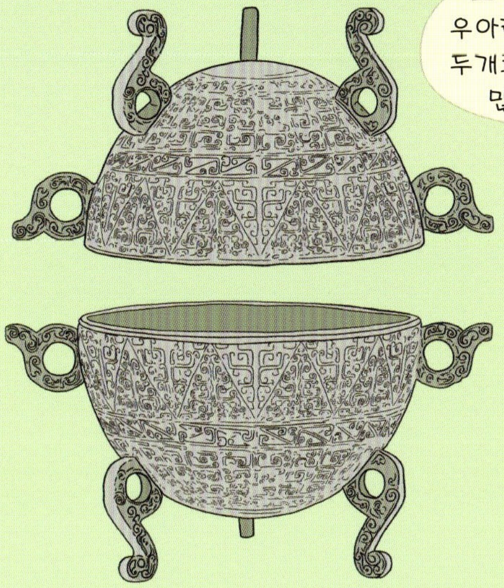

밥을 담는

대

duì

敦

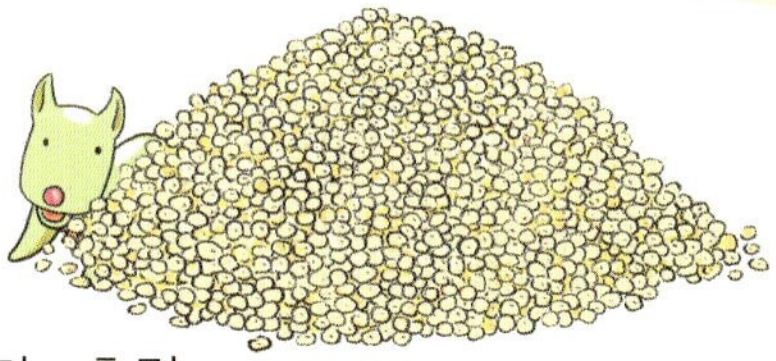

옛사람들의 식량

옛사람들은 주로 여러가지 곡류를 먹었어요. 대체적으로 지금의 기장, 좁쌀, 밀가루, 수수쌀, 콩, 쌀 등이였지요.

맥 밀, 보리, 귀리, 호밀이 있어요. 달콤한 엿을 먹어본 적이 있나요?

조 바로 좁쌀이예요.

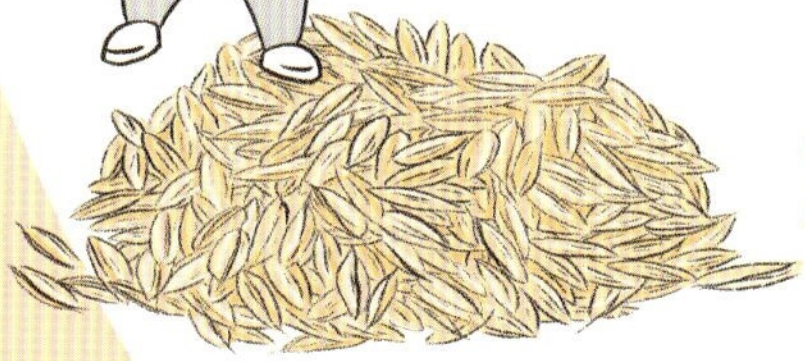

벼 벼의 껍질을 벗기면 입쌀이예요. 인류의 중요한 량식작물중 하나이기도 하지요.

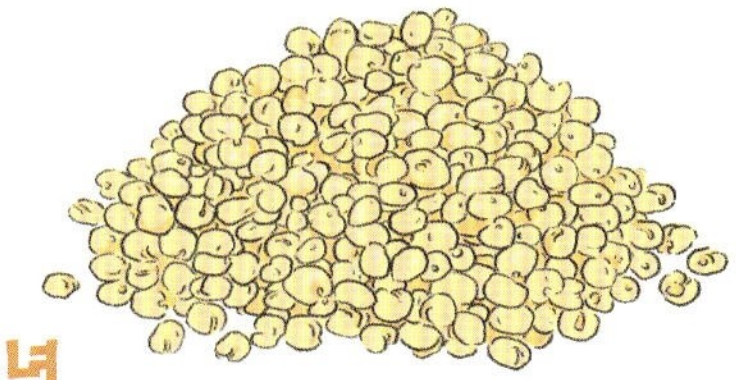

중국에서는 6,000~7,000년 전에 벌써 벼농사를 짓기 시작했어요!

숙 두류를 통털어 이르는 말이예요.

서 껍질을 벗기면 기장쌀인데 찰지고 술을 빚는 데 사용하기도 해요.

청동주기

상주 사람들이 사용했던 최고의 주기들을 살펴볼가요?

청동주기는 용도에 따라 다음과 같이 나눌 수 있어요.

음주기 술잔

성주기 술주전자

온주기 술을 데우는 데 사용

조주기 술의 농도를 조절하는 데 사용

음주기=작+고+치+각

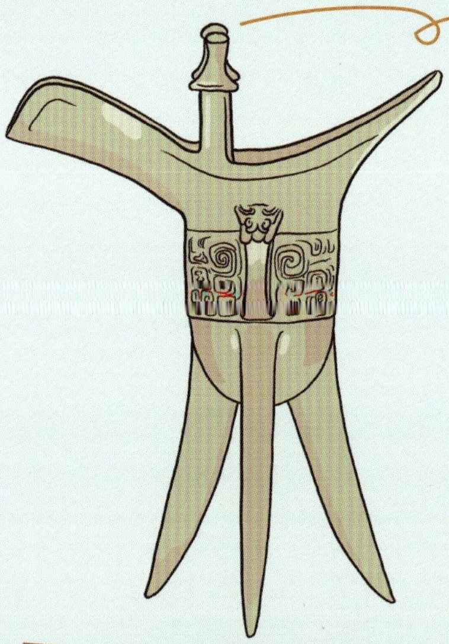

버섯머리가 달린 술잔.

작
jué
爵

뚜껑이 있거나 없는 술잔.

치
zhì
觯

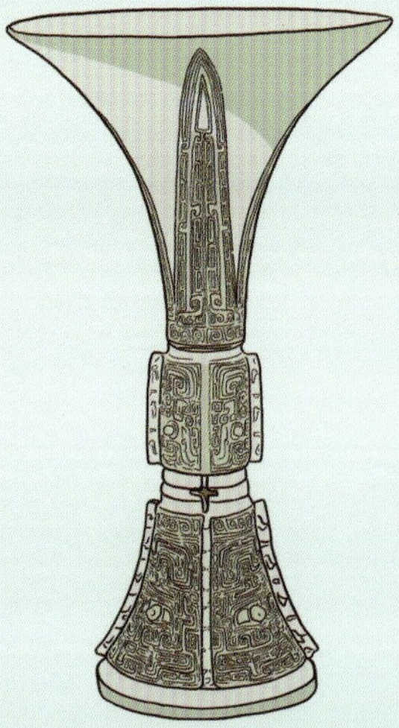

나팔 모양의 술잔.

고
gū
觚

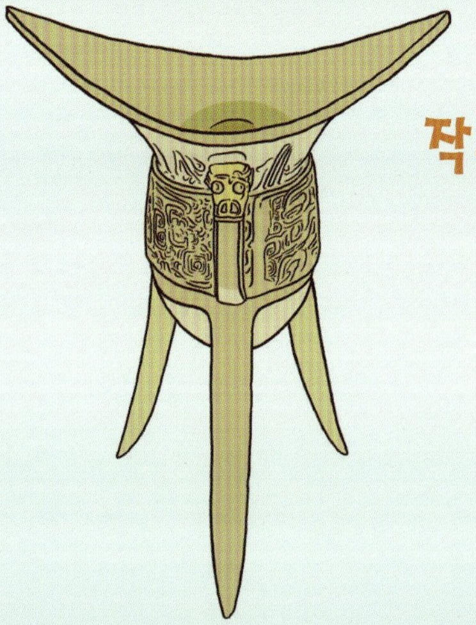

작과 매우 비슷하죠!

각
júe
角

제몸에 어떤 부분들이 있는지
살펴보세요.
주두
우에는 작은 버섯 모양의 주두(柱头)가 있어요.
류
이 부분은 술을 붓는 데 사용돼요.
미
류의 무게와 균형을 맞추기 위해 미를 길고 뾰족하게 설계했어요.
손잡이
류는 왜 이렇게 길쭉하게 생겼을가요? 옛사람들이 이렇게 사용하기 불편한 술잔을 만들어낸 리유가 뭐죠?
뾰족한 족이 3개 있어요.
뾰족한 족
뾰족한 족
뾰족한 족

작(爵) 사용 설명서

❶ 옛사람들은 제사를 지낼 때 술을 작에 담았는데 술이 가열되면서 술의 향이 퍼져나가 하늘의 신들이 드실 수 있도록 했대요.

❷ 그다음 나머지 술은 가늘고 긴 류를 통해 바닥의 띠풀에 부었어요. 이렇게 하면 토신도 술을 드실 수 있게 되겠죠.

❸ 이것을 상하교태(上下交泰), 관례(灌礼)를 올린다고 해요.

그러다가 시간이 흐르면서 작의 기능이 변화하기 시작했고 서서히 음주기로 변신하여 후세에 전해졌어요.

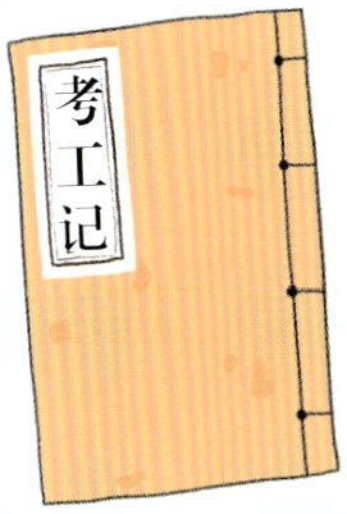

《고공기(考工记)》의 기재에 따르면:

"한승은 작, 두승은 고, 세승은 치, 네승은 각…"

《고공기(考工记)》는 중국 최초의 수공업기술 총집이예요. 현재 저자를 립증하기 어렵지만 이 책은 국내외에서 유명한 고대 과학 기술 명작이예요.

200밀리리터는 지금의 500밀리리터짜리 생수병의 절반보다 조금 적은 량이예요.

《고공기》에서 말하는 "한승(升)"은 약 지금의 200밀리리터예요.

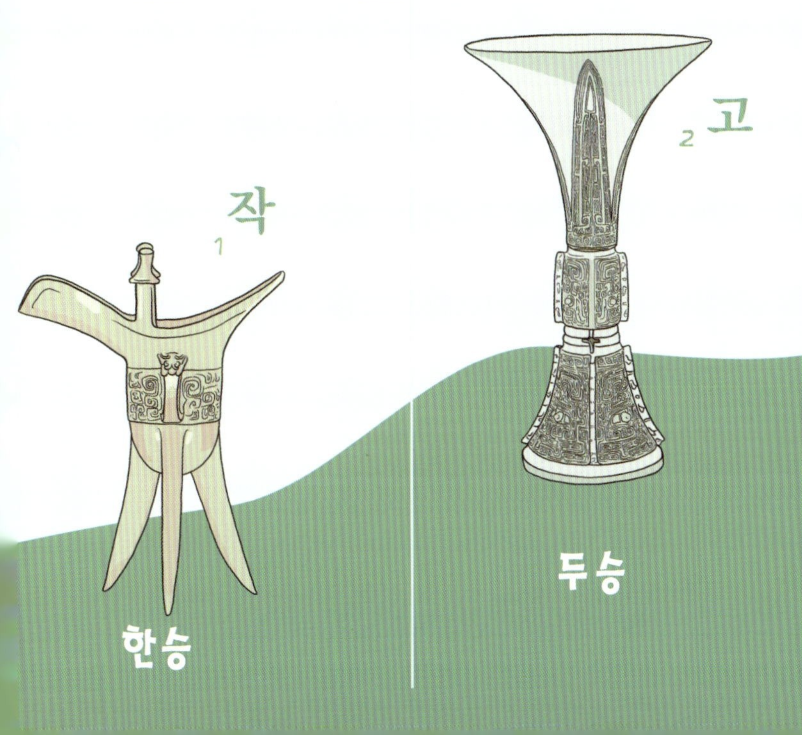

청동주기

준은 주기중의 거물이자 청동기중 가장 중요한 기물이에요. 정(鼎)과 마찬가지로 네모난 것과 둥근 것이 있어요.

성주기=준+유+굉+뢰

이것이 바로 청동기중의 슈퍼스타

준

zūn

尊

뢰는 네모난 것과 둥근 것이 있어요.

사양방준

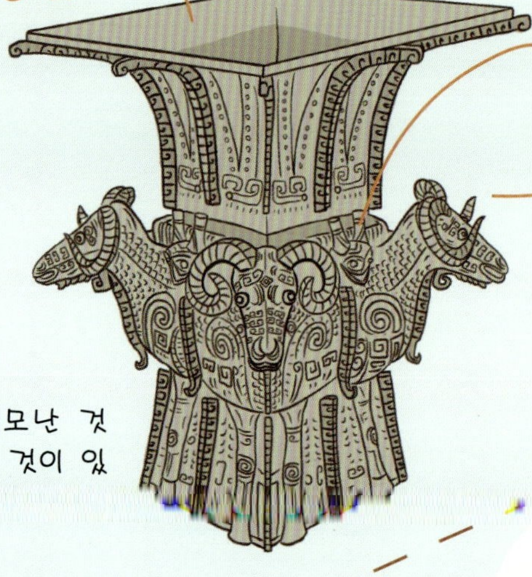

네마리의 양과 네마리의 룡이 대칭 구도를 이루고 있어요.

여러분, 어린 양이 젖 먹는 모습을 본 적이 있나요? 어린 양은 젖을 먹을 때 두 무릎을 꿇고 먹어요. 그래서 옛사람들은 양의 이런 천성에 우리가 배워야 할 부분이 있다고 생각했지요. 바로 부모님께 감사하는 마음이예요.

락후한 노예사회였지만 당시에 상왕(商王)은 감은과 례의를 매우 중요하게 여겼대요!

유

yǒu

卣

들고 다닐 수 있어요.

손잡이와 뚜껑이 달린 성주기

뢰

léi

罍

뚜껑은 지붕처럼 생겼어요.

네모난 뢰

둥근 뢰

네모난 뢰와 둥근 뢰

귀여워요, 집에 데려
다 키우고 싶어요!

굉
gōng
觥

그럼 애완동물 하나가
더 생기겠네!

굉의 뚜껑은
열 수 있어요.

일부 굉은 뚜껑이
분실되었어요.

청동주기

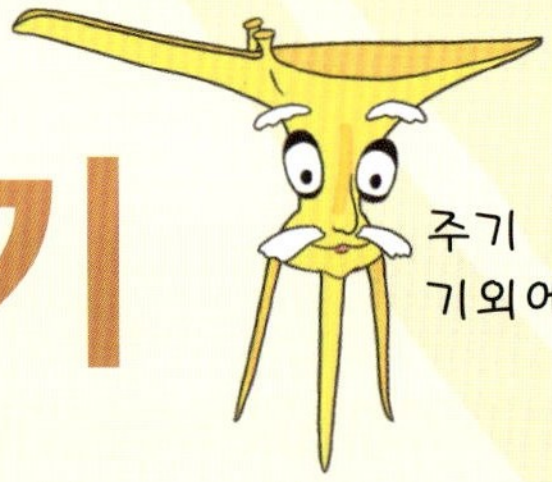

주기 가족중에는 성주기와 온주기외에 이런 것들도 있어요!

온주기는 술을 데우는 데 사용해요.

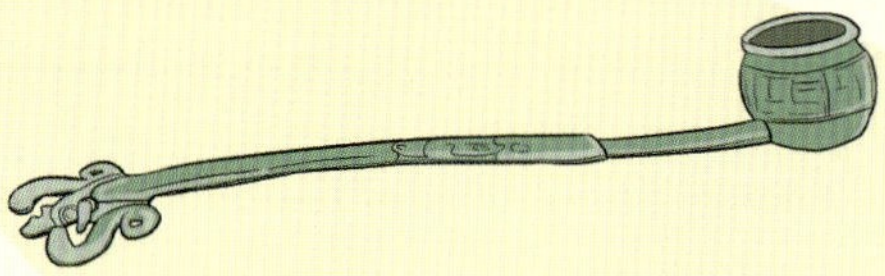

숟가락으로 쉽게 술을 퍼낼 수 있어요.

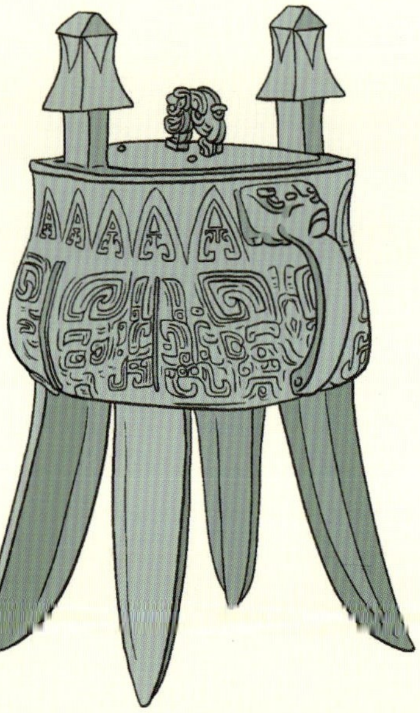

가
jiǎ
斝

주(尊)도 술을 데울 수 있는 것이 있어요. 동물 모양으로 된 생준(牲尊)이 바로 그중 하나예요.

조주기는 술의 농도를 조절하는 데 쓰는 주기예요.

화
hé
盉

작과 함께 사용할 때 술을 담아요.

반과 함께 사용할 때 물을 담아요.

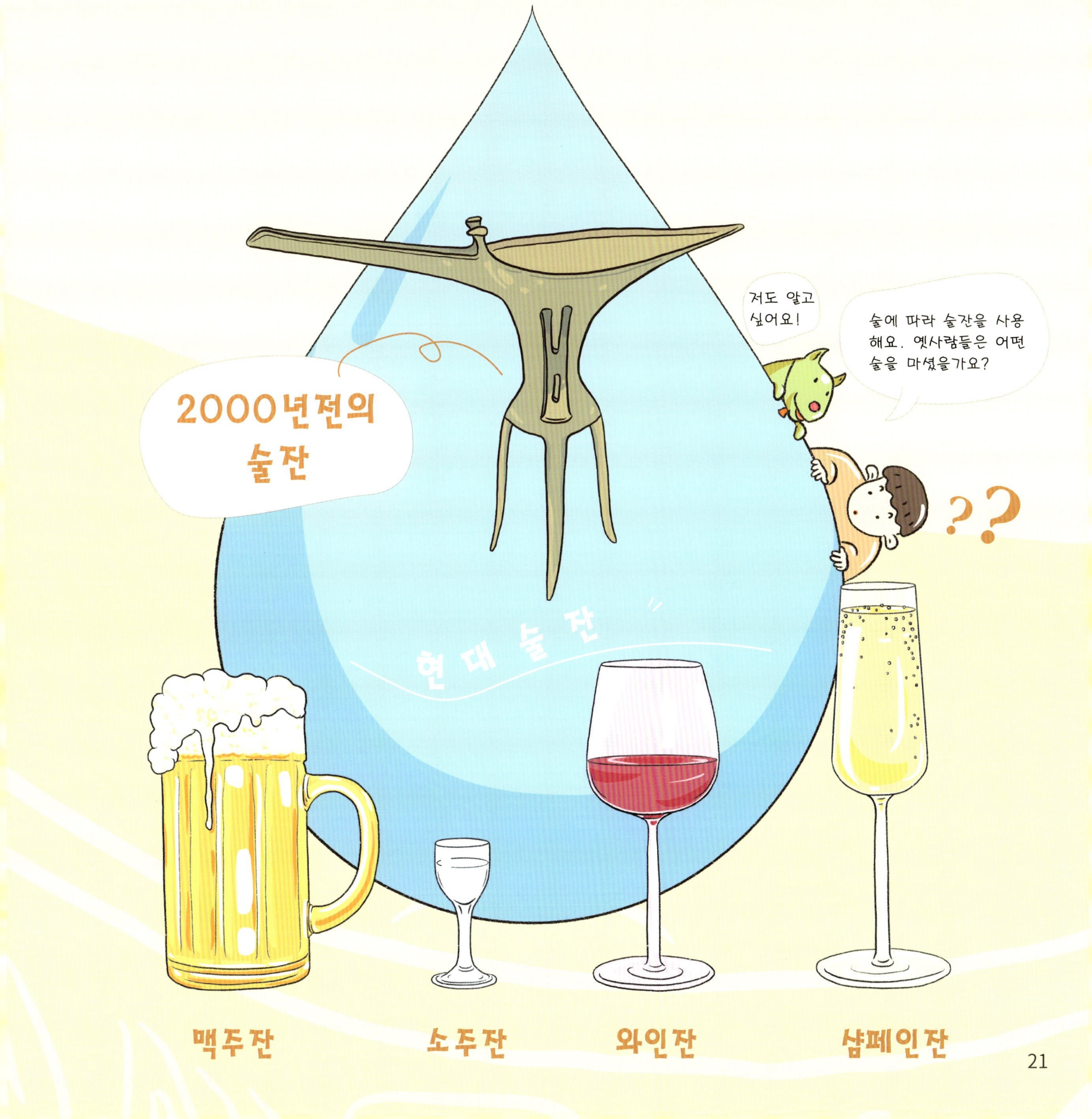
2000년전의
술잔
저도 알고
싶어요!
술에 따라 술잔을 사용
해요. 옛사람들은 어떤
술을 마셨을가요?
현대술잔
맥주잔
소주잔
와인잔
샴페인잔

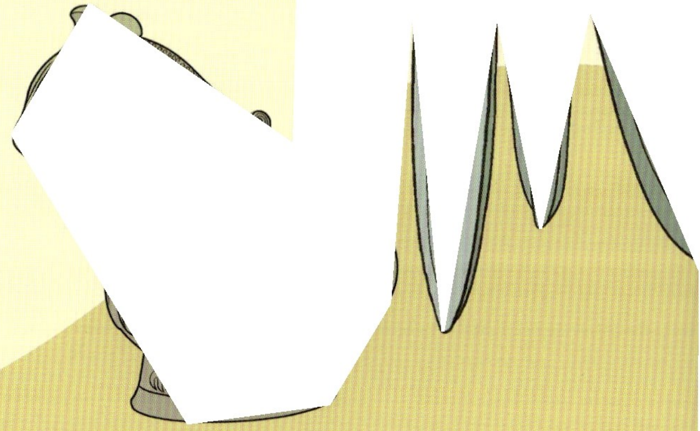

상조 때 세가지 술이 있었어요.

례
醴

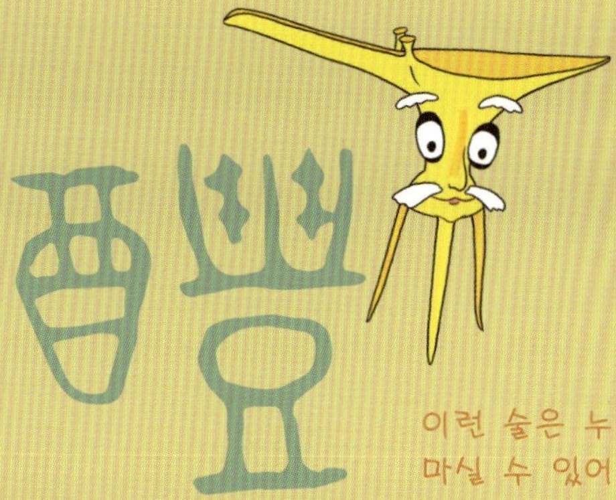

첫번째는 례주

맛은 연하고 약간 단맛이 나며 알콜 농도는 4% 좌우예요. 이 종류의 술은 곡물 발아의 방식으로 만든 것인데 양조 시간이 매우 짧아 하루밤 사이에 담가진 것이라고 할 수 있어요. 일부 학자들은 이런 술을 원시맥주라고 불러요.

창
鬯

두번째는 창주

이런 종류의 술은 흑기장으로 담그는데 기장은 우리가 흔히 말하는 기장쌀이예요. 흑기장은 비교적 드물지만 맛이 매우 좋아요. 창은 옛사람들이 신을 섬기고 제사를 지내는데 사용했던 술이예요.

욱
郁

세번째는 더욱 고급진 술인 욱주

창주에 욱금이라는 허브의 즙을 혼합하면 더욱 향기로운 술을 얻게 되지요. 그 술이 바로 욱주예요.

제사용 청동주기는 상조시기에 전성기를 맞이하게 되였어요!

문물파일

수면문룡류화
(兽面纹龙流盉)

★시대: 춘추시대
★크기: 높이 30.1센치메터,
길이 39.2센치메터
★기능: 조주기
★현재 소장지: 상해박물관
★화가 바로 욱금즙을 담아 두던 조주기

청동수기

지금 일상생활에서 사용하는 대야, 물통 등과 같은 용기예요.

감
jiàn
鉴

대형 청동기

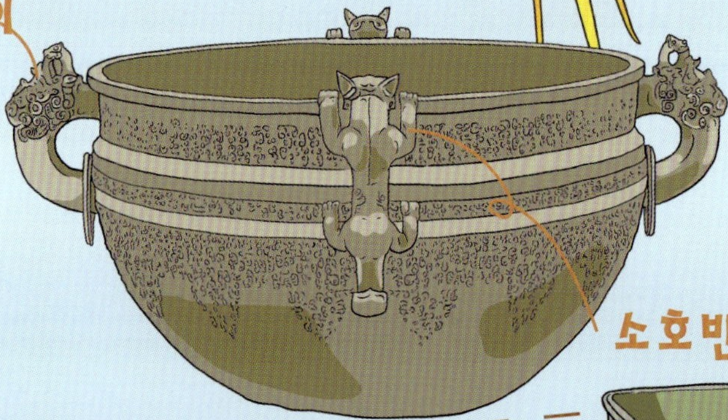

커다란 항아리처럼 생겼어요

내벽에 명문(铭文, 명문이란 청동기 등 기물에 주조한 문구를 가리킴)이 새겨져있는데 오왕 부차(吴王夫差, 춘추시대 오나라 군주)가 청동으로 이 감을 주조하였다고 기록하였어요. 이는 오왕 부차의 어용 기물이예요.

반
pán
盘

물을 받는 용기

대부분 반은 원형 지만 네모난 것도 어요. 일부 네모 양의 반은 몸집이 마어마해요.

서주 시대 괵계자백반

이
yí
匜

물을 붓는 용기

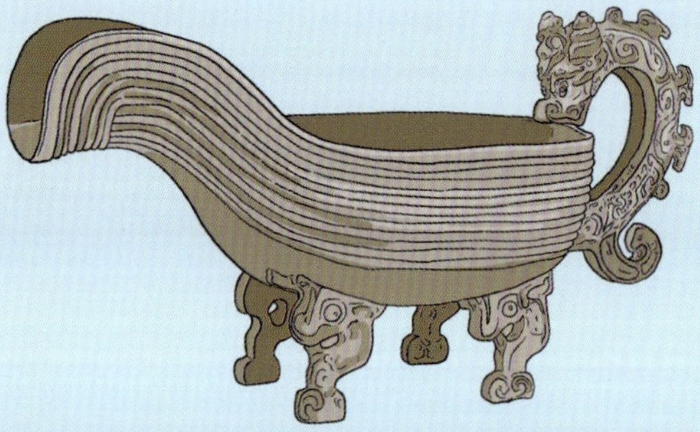

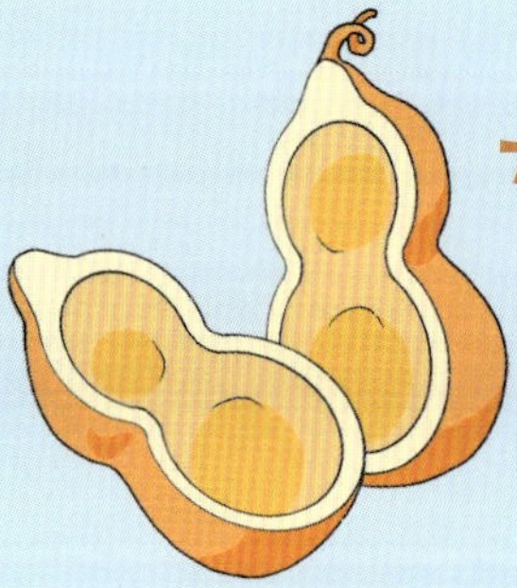

갈라놓은 조롱박 같아요

우
yú
盂

물을 담는 용기

감(鑒)은 욕조로 사용하기도 해요. 작은 감은 물을 담아 거울로도 사용하죠. 감은 대체적으로 밑굽이 평평한 커다란 항아리 모양이예요. '귀'는 보통 2개 혹은 4개가 달려있어요.

춘추시대 자중강반

반(盘) 내부에는 물고기, 거부기, 개구리 등의 수생 생물을 주조하였는데 특이한 것은 이 동물들이 빙글빙글 돌 수 있다는 점이예요.

이(匜)는 보통 반과 함께 사용되는데 이로 물을 붓고 반으로 그 물을 받아요.

밑받침이 없는 궤 같아요

청동악기

신석기시대 골적

음악을 좋아하세요? 어떤 악기들을 알고 있나요?

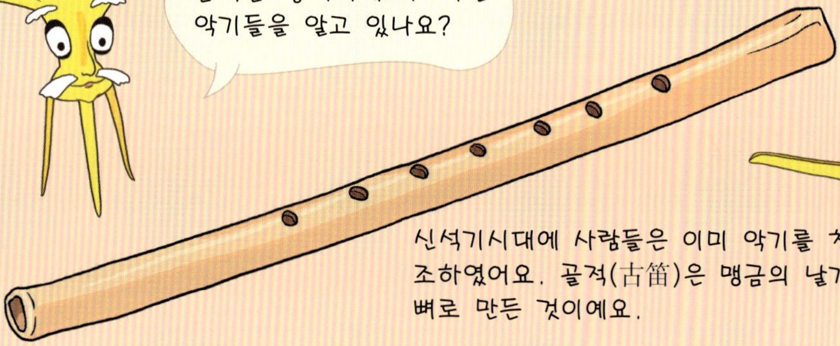

신석기시대에 사람들은 이미 악기를 창조하였어요. 골적(古笛)은 맹금의 날개뼈로 만든 것이예요.

뼈는 먹을 수 있을 뿐만 아니라 악기도 만들 수 있다고요?

청동기시대에 들어서서 사람들은 금속 악기를 만들기 시작했어요. 체계가 방대한 금속 악기는 아름다운 선률을 연주하는 외에 악기 주인의 신분과 지위의 상징이기도 했어요.

중국은 가장 일찍 악종을 제작하고 사용한 나라예요.

편종에도 큰 것과 작은 것이 있다는 것을 발견하셨나요?

종이 작을수록 음률이 높고 음량이 작으며 종이 클수록 음률이 낮고 음량이 커요.

나무망치로 크고작은 편종을 두드리면 아름다운 음악을 연주할 수 있어요!

령
líng
铃
흔들면 딸랑딸랑 소리가 나요.
방울 안에 작은 혀가 있어요.
탁
duó
铎
흔들면 소리가 나요.
정
zhēng
钲
자루를 잡고 두드려요.
가늘고 긴 모양
두 손에 쥐고 마주 치면 돼요.
방울처럼 생겼지만 가운데 추가 없어요.
뇨
náo
铙
측현
용종
yǒng
甬钟
매(枚)가 있어 두드리면 더 듣기 좋은 소리가 나요.
이것은 매(枚)가라고 하는데 앞뒤에 대칭으로 배열되어있어요.
직현
뉴종
niǔ
钮钟
더욱 안정적이예요.
종중의 '거인'
박종
bó
镈钟
이 종은 음이 하나뿐이예요. 두드릴 때마다 똑같은 음을 내지요.
순우
chún
錞于
우가 넓고 아래가 좁은 원통 모양인데 보통 북과 함께 사용해요.
북
gǔ
鼓

편종의 왕

증후을편종

1978년 호북성 수현(随县)에서 출토된 증후을편종은 지금까지 발견된 청동악기중 세계적으로 가장 웅장하고 거대한 것이예요.

지식 주유소

증후을은 누구일가요?

증후을은 지금의 장강 중류 호북성 수주(随州) 일대를 지배했던 전국시대 남방의 증국(曾國)의 군주예요. 음악을 좋아하고 악기 제조에 열중했지요.

문물파일

증후을편종(曾侯乙编钟)

★시대: 전국시대

★크기: 최대 152.3센치메터, 최소 20.2센치메터

★무게: 최대 203.6킬로그람, 최소 2.4킬로크람

★기능: 타악기

★현재 소장지: 호북성박물관

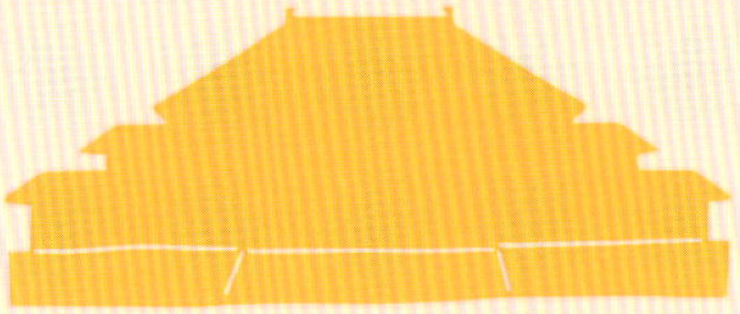

이 편종은 현재 호북성박물관에 소장되여있어요. 고고학자들이 발견한 이후 음악가들이 다시 이 편종을 울렸어요.

증후을편종의 구조:
상층은 뉴종이고 중층은 단매, 무매, 장매 세가지 양식으로 구성된 용종이며 하층은 대형 장매용종에 박종 하나가 중간에 걸려있어요.

이 박종은 초혜왕(楚惠王)이 증후을에게 증여한 거래요!

편종의 아름다운 선률이 궁금하면 엄마 아빠한테 증후을편종 음악을 찾아 들려달라고 하세요!

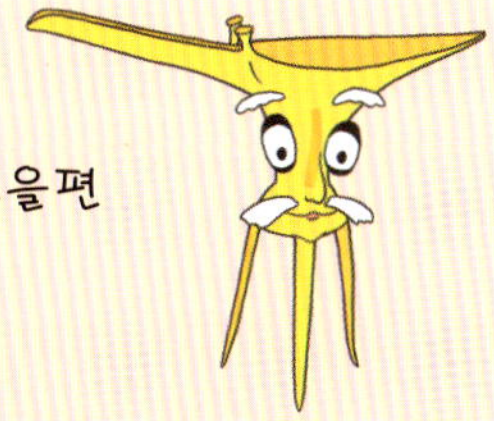

청동병기

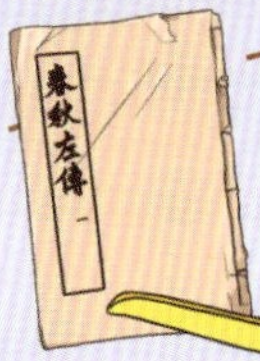

《좌전(左传)》에서 "국가 대사는 제사와 전쟁이 제일 중요하다."고 했어요.

고대에는 나라와 나라 사이에 전쟁이 자주 일어났어요. 전쟁에서 승리할 수 있는 비결중 병사 다음으로 중요한 것이 바로 병기였지요.

그럼 청동병기에 대해 알아볼가요?

극 jǐ 戟

극(戟)은 과(戈)와 모(矛)가 결합된 무기로 앞으로 찌를 수 있고 휘두를 수 있으며 걸어 당길 수도 있어요. 그래서 살상력도 과와 모에 비해 훨씬 크지요.

모 máo 矛

모(矛)는 고대에 적을 찔러 죽이는 공격용 무기로 전쟁에서 자주 사용하던 병기였어요. 자루가 길고 끝이 뾰족해요.

비 bì 柲

나무막대기에 죽편을 붙인 다음 실이나 가죽끈 또는 등나무 껍질로 잘 감아주고 그 표면에 칠감을 칠해요. 이렇게 하면 나무막대기가 쉽게 썩거나 부러지지 않는대요.

과 gē 戈

과(戈)는 상주시대에 자주 사용하던 병기중 하나예요. 그래서 과는 또 병기나 전쟁을 일컫는 대명사로 되기도 하였지요. 례하면 성구 '도과상향(倒戈相向)'은 전쟁에서 적군을 도와 아군진영을 반대함을 비유해요.

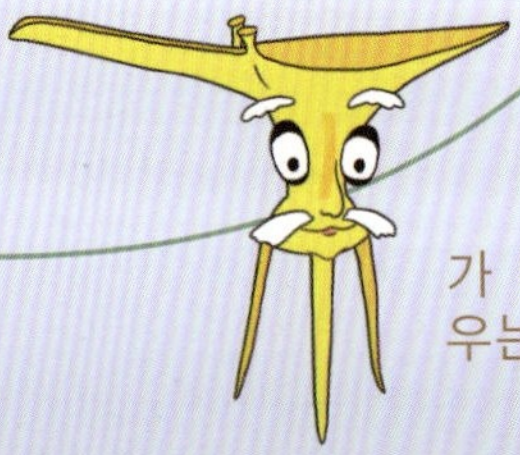

준 zūn 镈

준(镈)은 과(戈), 극(戟), 모(矛), 월(钺) 등 긴 자루가 달린 병기를 땅에 꽂아 세울 수 있도록 맨끝에 끼우는 뾰족한 금속 부품을 가리켜요.

상주시대 청동기가 성행하면서 청동은 병기를 만드는 주요 재료로 되였지요. 청동으로 만들어진 병기는 매우 다양해요.

족

zú
镞

족(镞)은 화살 끝에 박은 뾰족한 부분을 가리켜요.

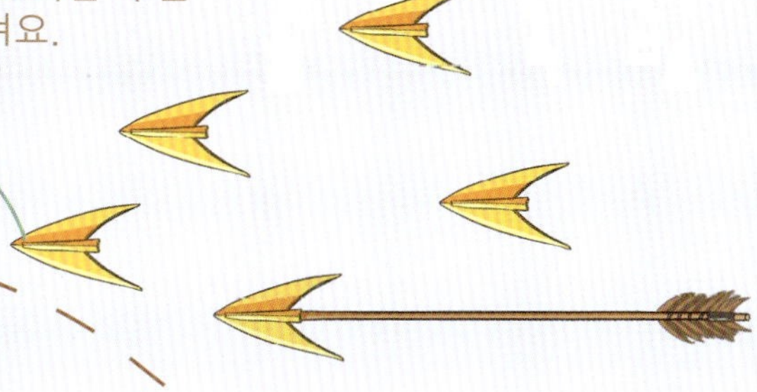

월

yuè
钺

월(钺)은 비록 살상력을 갖춘 무기지만 대부분 귀족들의 고급 례기로 사용되였대요.

서방에 권력을 상징하는 지팽이가 있듯이 중국에는 권력을 상징하는 월이 있었네요.

옛사람들은 진지함이 부족했던 것 같아요. 적군이 이걸 보고 웃다가 배꼽이 다 빠지겠어요.

도

dāo
刀

흔히 볼 수 있는 칼이죠.

검

jiàn
剑

검은 매우 예리한 병기예요.

지식 주유소

청동기가 산화되면 표면에 얇은 산화층이 형성되는 경우가 많은데 이 산화층은 공기로부터 청동기를 보호해주는 효과가 있어요. 그래서 청동기는 수천년 동안 매장되여있었음에도 불구하고 기본적으로 온전하게 보존될 수 있었어요.

하지만 이런 병기들의 나무칼자루는 오랜 세월 동안 땅에 묻혀있었기 때문에 출토시 대부분은 썩었어요.

청동기에 새겨진 문자

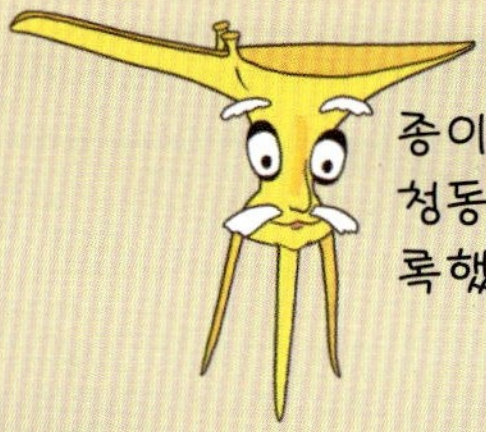

종이가 등장하기 전에 옛사람들은 갑골, 암석, 도기, 청동기 등에 다양한 기호를 남겨 그들의 이야기를 기록했어요.

주조(周朝) 이전까지 청동기는 금이라 불렸어요. 그래서 청동기에 새겨진 글자가 **금문자**라는 이름을 얻게 되였지요.

수골과 귀갑(갑골로 략칭)

암석

도기

청동기

지식 주유소

한자의 발전 과정:
갑골문→금문자→소전→예서→해서

수골, 귀갑 그리고 갑골문

수골 또는 귀갑에 새겨진 문자를 갑골문이라고 해요. 갑골문은 우리 나라에서 발견된 최초의 문자예요.

청동기가 나타나면서 옛사람들은 청동기에다 특별히 중요한 사건들을 기록하기 시작하였는데 이로부터 금문자가 탄생했어요.

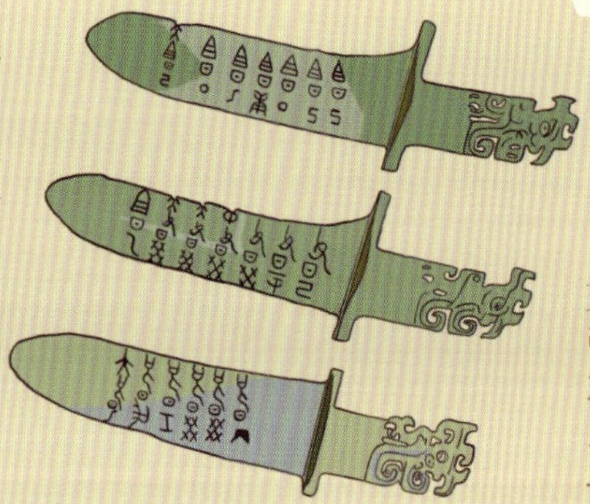

청동기와 금문자

처음에 청동기에 새겨진 문자를 종정문자(钟鼎文)라고 불렀어요(앞에서 소개한 청동기 종과 정을 련상해보세요). 종정문자로 불린 리유를 알겠죠? 하지만 이 이름으로는 병기, 주기 등 기타 청동기에 새겨진 문자까지 포함시킬 수 없어서 후에 이름을 금문자로 고쳤대요. 그 때로부터 금속 기물에 새겨진 모든 문자를 금문자라고 불렀어요.

문자는 어디에 있을가요?
옛사람들은 청동기에 문자를 새겨놓는 방식으로 그들의 비밀을 숨겼어요. 문자가 어디에 있는지 한번 찾아볼가요?

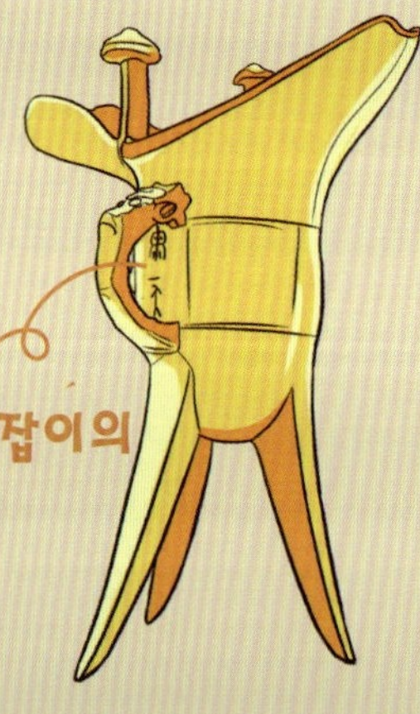

작의 손잡이의 안쪽

기물의 밑바닥

처음에는 주인의 이름이나 족휘(族徽, 가족 부락을 상징하는 표지)를 새겼어요. 몇글자밖에 되지 않고 눈에 잘 띄지 않는 곳에 숨겨져있어요.

후에 통치자들은 청동기에 국가의 중요한 사건들을 기록하기 시작했어요. 청동기에 새겨지는 문자가 점차 많아지면서 눈에 잘 띄고 중요한 위치에 문자를 새기게 되었대요.

문물파일

산씨반(散氏盘)

★시대: 서주시대, 지금으로부터 약 2,700년전

★크기: 높이 20.6센치메터, 아가리 지름 54.6센치메터

★기능: 제사용 수기

★현재 소장지: 대북고궁박물원

탐구해보아요

금문자의 신비를

금문자 수자도

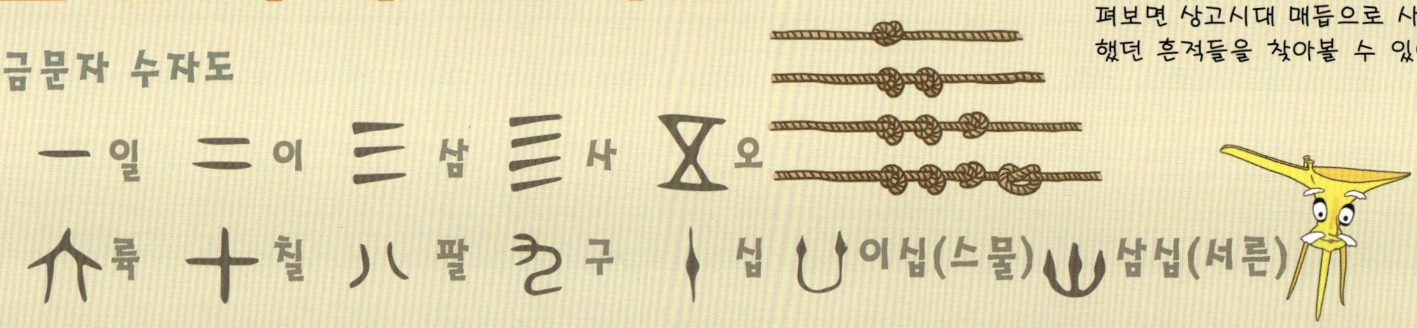

여러분이 알고 있는 글자들을 찾아보세요. '십', '이십', '삼십'의 형태들을 살펴보면 상고시대 매듭으로 사건을 기록했던 흔적들을 찾아볼 수 있어요.

결승기사 문자가 나타나기 전의 긴 세월 동안 옛사람들은 어떤 사건을 기억하기 위해 새끼에 매듭을 지었어요.

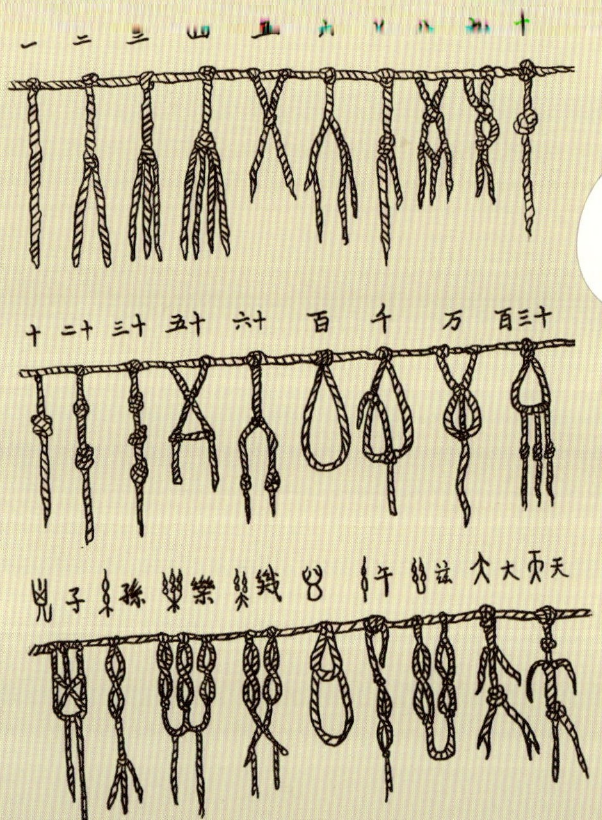

매듭을 지어 기록하는 과정에서 인간은 언어를 표현하는 데 사용되는 기호들을 많이 창제했는데 그중 일부는 점차 그림문자로, 그리고 다시 상형문자로 진화했어요.

괵계자백반에 새겨진 금문자

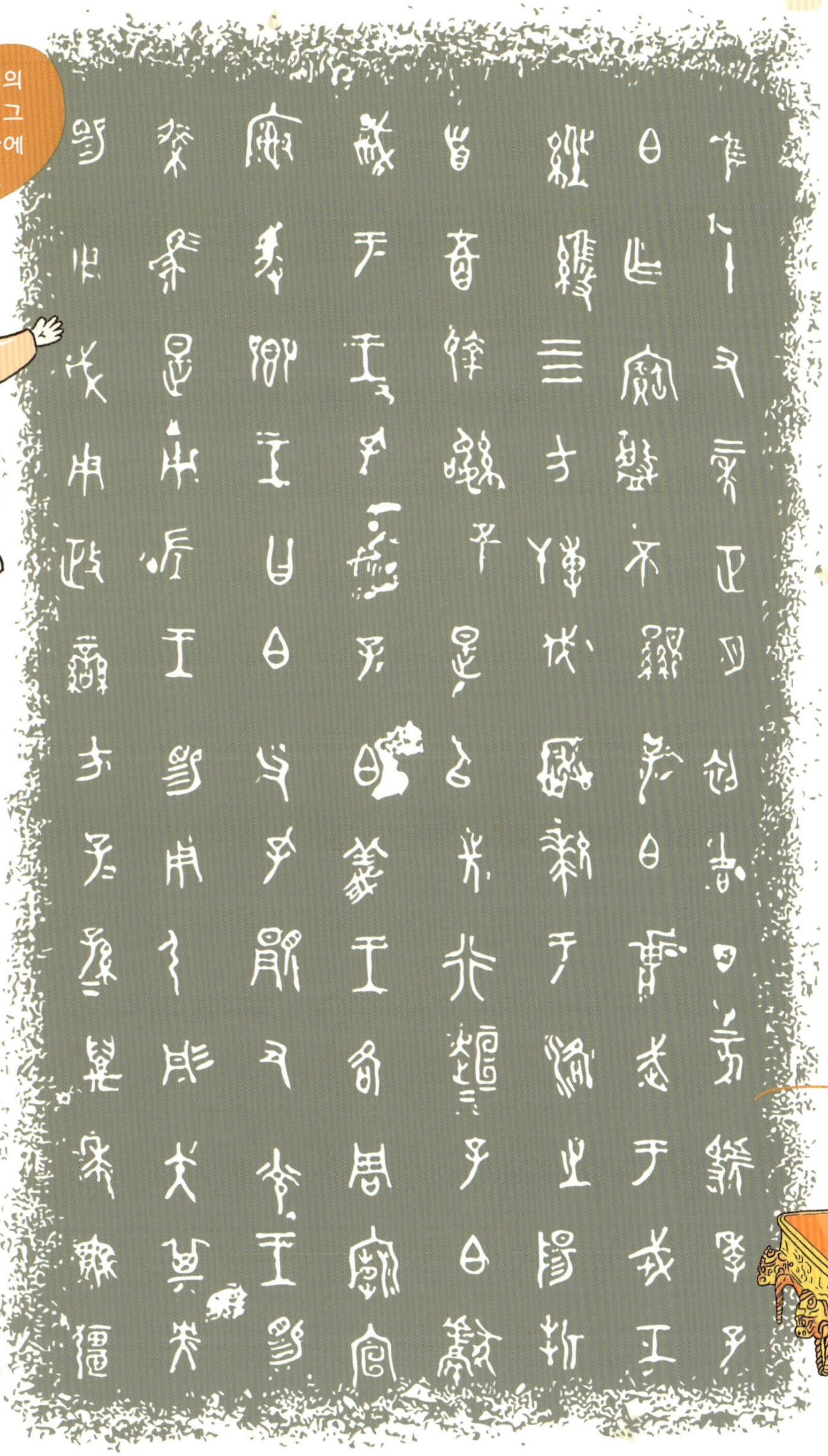

문물파일

괵계자백반(虢季子白盘)

★시대: 서주시대
★크기: 길이 130.2센치메터,
너비 82.7센치메터,
높이 41.3센치메터
★기능: 제사용 수기
★출토지: 섬서
★현재 소장지: 중국국가박물관

괵계자백반 내부에 새겨진 금문자의 내용

12년 정월 초기 정해일(丁亥日)에 괵계자백은 보배로운 반을 만들었다. 나 자백(子白)은 혁혁한 전공을 세우고 각지를 전전하며 용맹을 떨치였다. 험윤을 크게 정벌하고 락수의 북쪽에 도착하였다. 500명의 머리를 베고 50명의 포로를 잡아 전군의 성봉이 되였다. 위풍당당한 자백은 적의 왼쪽 귀를 왕에게 바쳤다. 왕께서는 자백의 위의를 크게 칭찬하셨다. 왕께서는 주태묘 선사에 도착하여 신하들을 불러들여 연회를 베풀었다. 왕께서는 이렇게 말씀하셨다. "전공이 대단하고 영예로우십니다". 왕께서는 자백에게 군주를 보좌하라면서 사두마차를 하사하셨다. 또한 주홍색의 활과 화살을 하사하셨다. 오랑캐를 정벌하라고 도끼도 하사하셨다. 이 반을 만들어 후손들에게 이 영광을 영원히 간직하게 할 것이다.

청동기의 무늬

1. 수면문

수면문(兽面纹)은 청동기에서 가장 흔히 볼 수 있는 무늬로 신비한 괴물을 그린 것이예요.

청동기에 새겨진 수면문은 제사에 대한 옛사람들의 장엄하고 엄숙하며 신비한 태도를 표현했어요.

2. 선문

매미가 어디에 있는지 발견했나요?

매미는 나뭇가지 위에 알을 낳는데 알에서 부화한 애벌레가 바로 땅속으로 들어가 자란다고 해요. 그러다가 몇해가 지난 다음 땅에서 기여나와 나무 우에 매달려 허물을 벗고 성충이 돼요. 옛사람들은 이런 광경을 보고 매미가 죽었다가 다시 살아났다고 생각했어요. 그래서 사람들은 선문(蝉纹)을 청동기에 새겨 불로장생, 재생에 대한 동경을 표현했어요.

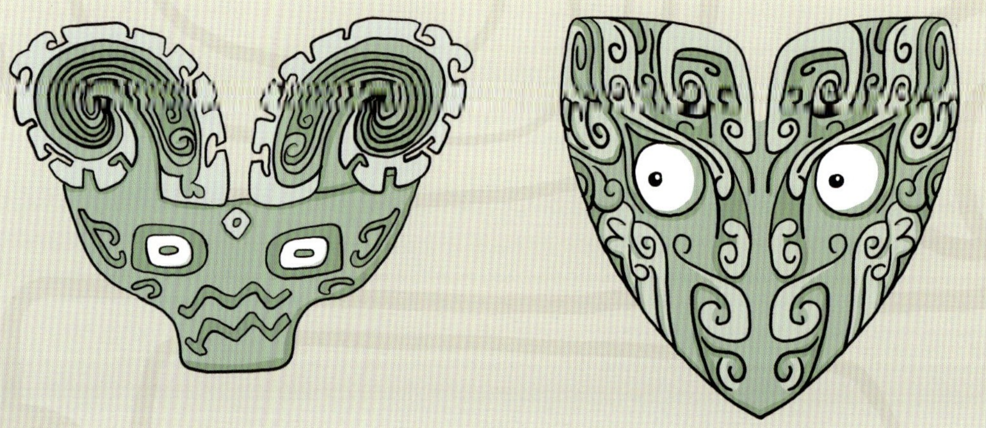

3. 룡문

룡은 중화민족의 토템이예요. 옛사람들은 아주 오래전에 이미 룡의 모습을 창조해냈어요. 룡은 하늘에서 날 수도 있고 바다로 들어갈 수도 있어요. 다양한 청동기에서 룡문을 찾아볼 수 있어요.

4. 봉조문

옛사람들은 아름다운 깃털을 가진 봉황을 상서로움의 화신으로 여겼어요. 아름다운 봉조문(凤鸟纹)을 함께 살펴보아요!

5. 사문

옛사람들은 뱀이 탈피하는 것을 매미와 마찬가지로 재생의 신력을 가졌다고 여겼어요. 그래서 매미를 숭배하듯이 뱀도 숭배했어요.

6. 어문

물고기는 물속의 요정으로 옛사람들의 사랑을 받아온 동물이예요. 물고기가 물속에서 생활하므로 수반(水盘)을 장식하는 데 많이 사용되였어요.

7. 유정뢰문

하나하나의 돌기된 점들이 바로 유정문(乳钉纹)이고 네모꼴 무늬가 바로 뢰문(雷纹)이예요.

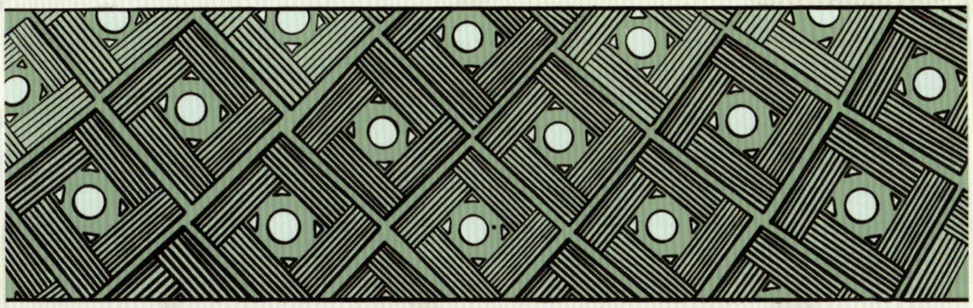

8. 화상문

옛사람들은 청동기에 특정된 장면을 그려놓기도 했는데 이 무늬를 보세요. 다들 병기를 들고 있네요. 싸우고 있나요?

희준 배속에 숨겨진 비밀

희준(犧尊)

★시대: 춘추 말기

★크기: 높이 33.7센치메터, 길이 58.7센치메터, 무게 10.76킬로그람

★기능: 성주기, 온주기

★출토지: 산서

★현재 소장지: 상해박물관

상주시기부터 사람들은 물소를 길렀는데 이는 중국 농경문화에서 매우 중요한 부분이였어요.

희준 가운데는 솥모양의 기물이 있는데 꺼내여 술을 담을 수 있어요. 그리고 비여있는 준의 배에 뜨거운 물을 담아 술을 데울 수 있어요.

투시경을 통해 희준의 배 속을 살펴보아요.
아, 뜨거워! 왜 뜨거운 물을 넣어요?
술이 담긴 그릇을 희준의 배속에 넣어요.
뜨거운 물 넣기
뜨거운 물 넣기
뚜껑은 어디에 있나요?
분실되였을 가능성이 커요! 제가 뚜껑 하나 만들어드리지요!
나는 이렇게 작동하지요. 가운데 구멍에 술을 담은 그릇을 넣고 뜨거운 물을 량쪽 구멍을 통해 소의 배속에 주입한 다음 뚜껑을 덮어요. 이렇게 하면 술을 데워 따뜻하게 유지할 수 있게 되죠!

박물관 창의 게임

눈은 어디에

수면문을 예쁘게 칠해보세요.

안녕! 난 청동기에 살고 있는 괴물이야. 색갈별로 내 몸의 부위를 나타냈어, 잘 관찰해봐.

청동기에는 많은 괴물들이 그려져있는네요. 어때요? 찾았나요?

복잡하죠? 방법 하나를 가르쳐 줄게요. 눈을 먼저 찾아보세요!

이 괴물들이 우리를 쳐다보고 있네요. 예쁘게 칠해볼가요?

괴물의 정서

이 괴물들의 정서가 느껴지나요? 즐거워 보이나요? 아니면 슬퍼 보이나요? 색으로 정서를 표현한다면 정서에 맞는 색을 칠할 수 있나요?

희로애락… 표정에 따라 인자, 장엄, 흉악, 위엄, 신비 등 다양한 태도를 표현하지요.

서한시대 두형등

고고학자들의 추측에 따르면 이 등은 두(우리가 먹는 '콩'이 아니라 이 책의 12페지에서 언급한 청동식기 '두')에서 변화되여온 것이라고 해요.

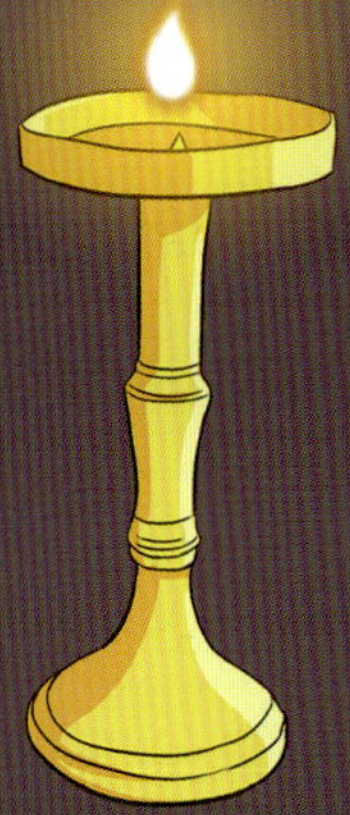

서한시대 청동다지등

전 서한시기 가장 아름다운 '불꽃 나무'였지요!

서한시대 청동류금록등

그거 알아요? 제 뿔은 탈부착이 가능해요!

동한시대 착은동우등

저는 공기정화기능이 있어요. 제 배가 바로 공기청정기거든요. 등불에서 나오는 연기가 배속의 맑은 물에 용해되지요.

전국시대 은수인형동등

발견했나요? 제 머리는 청동이 아닌 은으로 제작되였지요. 저의 눈은 검은 보석으로 만들어졌어요.

서한시대 청동안어등

저는 한조에 매우 류행했어요. 불에서 나오는 연기가 제 배속에서 려과되여 주변으로 흩어지지 않아요.

어두운 밤이 왔어요.
청동기 조명 용구들이 켜지기
시작해요. 등불들이 이야기를
건네주네요.

동한시대 청동인형조등

실내에 걸어놓고 사용해도 되고 그냥 손에 들고 다녀도 되지요.

서한시대 장신궁등

저의 원형은 장신궁(长信宫)에 있는 두태후(窦太后)의 궁녀예요. 제 소매에는 연기를 빨아들이는 배관이 있어요. 오른쪽 팔과 소매는 등피인데 덮었다 열었다 할 수 있어요! 다들 저를 '중화제일등'이라고 부르죠.

서한시대 동양등

제 등은 열 수 있고 비여있는 배에는 기름을 담아둘 수 있어요. 중국 고대에 '양(羊)'과 '상(祥)'이 통용되였기 때문에 양 모양의 등은 상서로움의 상징이기도 했어요.

청동다지등

저는 조명 용구이자 통천신수(通天神树)의 상징이기도 해요. 제몸에는 나무 타기에 뛰여난 '웅인(熊人)'이 있어요. 발견했나요?

박물관 창의 게임

뢰를 장식해보아요!

이것들은 모두 청동기에 있는 소품들이에요.

나만의 박물관 일기

이름: ____________________

나이: ____________________

살고 있는 도시: ____________________

내가 가본 박물관: ____________________

가장 좋아하는 박물관은: ____________________

____

내가 선호하는 청동기의 빛깔: □ 지금의 색 □ 원래의 색(금색)

청동기를 하나 소장할 수 있다면 나의 선택은: ____________________

그 리유는: ____________________

____

____

____

이 책을 읽고 나서 부모님께 하고 싶은 말은: ____________________

____

____

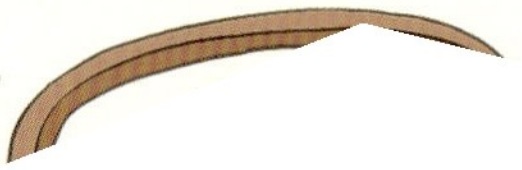

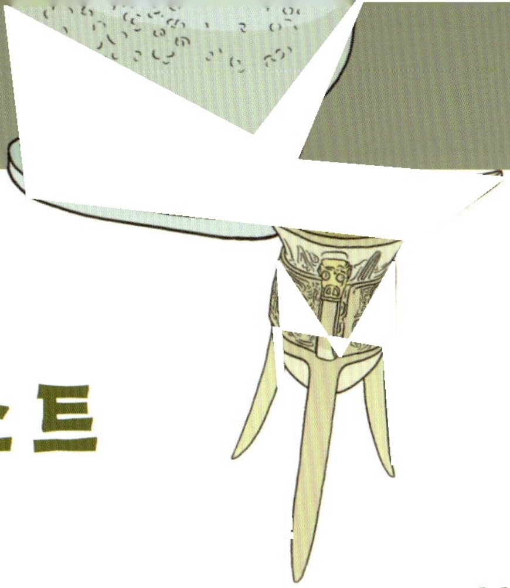

이 책의 미션 리스트

미션	난이도	완성
1. 청동기 본색을 말해보세요.	★★★	☐
2. 옛사람들은 무엇으로 청동기를 제작하였나요? 우리 주변에 이런 소재들이 있는지 찾아보세요.	★★★	☐
3. 청동기에 새겨진 문자들이 어디에 있는지 찾아보세요.	★★★★	☐
4. 청동기의 '도도한' 이름들을 엄마, 아빠 또는 친구들도 알고 있을가요?	★★★★	☐
5. 한자의 발전 과정을 돌이켜보세요.	★★★	☐
6. 대형 청동 찜통 언(甗)과 여러분 집에서 사용하는 찜통과 비교해보세요.	★★★	☐
7. 상주시기부터 사람들이 먹던 음식중의 한가지를 집에서 찾아보세요.	★★★	☐
8. 상주시기 사람들이 제사에 사용하던 술을 알아보세요.	★★★★	☐
9. 청동기에 새겨진 괴물들을 찾아내여 예쁘게 칠해보세요.	★★★★	☐
10. 청동기에서 재생을 의미하는 무늬를 찾아보세요.	★★★★★	☐
11. 수천년전 청동기 조명 용구가 갖춘 공기청정기능의 원리를 말해보세요.	★★★	☐
12. 오래된 금문자에서 사건 기록에 썼던 매듭 기호를 찾아내 동그라미를 쳐주세요.	★★★★★	☐

청동기 려행은 여기까지예요! 리스트에 적힌 미션외에 또 어떤 것들을 알게 되였나요? 앞으로 박물관의 세계에서 청동기의 더 많은 비밀들을 발견하게 될 거예요!

역자 소개:

박훼림(朴卉琳)

중국번역협회 전문가회원. 연변대학 조선어통역전공 석사를 졸업하고 프리랜서 동시통역사로 활동하면서 꾸준히 통번역 실력을 키워왔다. CATTI 조선어 통역/번역 1급 시험을 통과했으며 100회 이상 다양한 국제회의 동시통역 경험이 있다. 또한 대학에서 초빙강사로 중한-한중 번역 수업을 진행하고 있으며 각종 국제행사의 중한 MC로도 활약하고 있다.

량초(梁超)

중국번역협회 전문가회원. 대련외국어대학 조선어번역전공 석사학위를 취득한 후 훌륭한 통번역사가 되여 줄곧 원활한 소통을 위한 가교 역할을 발휘하기에 노력해왔다. CATTI 조선어 통역/번역 1급 시험을 통과했으며 100회 이상 국제회의 통역 경험이 있고 번역 저서 10여권을 출판했다. 대표 작품으로 《我的富翁计划》, 《你的正直善良，留给值得的人》 등이 있다.

부모님께 드리는 독서 조언:

문물과 박물관 관련 아동도서는 취학전 아이들이 상상의 나래를 펼칠 수 있는 세계입니다. 아이들은 문물의 형태, 무늬, 기능 등에 대해 여러가지 의문이 생기게 되는데 이 때 부모님들이 책 속의 지식과 아이가 익숙한 사물을 서로 련관시켜 설명해주시면 아이들이 더 잘 리해하고 기억할 수 있습니다. 책을 읽을 때 조금씩 소화할 수 있도록 두세개 지식점만 선택할 것을 권장합니다. 책 속의 박물관 창의 게임은 가족놀이로 활용할 수 있습니다.

취학한 어린이의 경우, 부모의 동반열독은 아이와 눈높이를 맞추는 기초이며 아이와 함께 토론을 진행하는 것도 좋은 방법입니다. 아이가 더 알고 싶은 부분이 있을 경우, 아이가 탐색하며 답을 찾을 수 있도록 자료를 찾는 데 도움을 주시면 됩니다. 이는 효과적인 동반 학습 방식입니다.

료녕성박물관 공공복무부 부주임 장영